Ildefonso Láinez Cruz
El general pealeño (1858-1923)

Semblanza de su vida y su tiempo

José Antonio Quesada Montilla

© José Antonio Quesada Montilla, 2021
© De esta edición: Tugia Editores, 2021
www.edicionesrubeo.com
https://www.facebook.com/TugiaEditores
© Diseño de portada e ilustración al lápiz de grafito del general Láinez: DG Angélica McHarrell
www.mcharrell.com
1ª edición: diciembre de 2021.
ISBN: 978-84-124454-8-0

Queda terminantemente prohibida, salvo las excepciones previstas en las leyes, cualquier forma de reproducción, distribución, comunicación pública y cualquier transformación de esta obra sin contar con la autorización de los titulares de la propiedad intelectual.

La infracción de los derechos mencionados puede ser constitutiva de delito contra la propiedad intelectual según el Código Penal.

A la memoria sin ira

PRÓLOGO

La existencia de algún héroe/personaje significado en un pueblo pequeño, añade, a la historia, esa porción de vida necesaria para completar una antología universal. Peal de Becerro tiene, como tantos otros lugares de la Península Ibérica, una existencia antigua: restos paleolíticos, la famosa *"Bicha de Toya"* (hoy en el Museo Arqueológico Nacional de Madrid), y restos de torres medievales. Hasta 1847 dependía de Cazorla (Jaén), tal como nos lo describe el autor de este interesante libro, centrado en un notable pealeño, el general Ildefonso Láinez Cruz.

León Felipe, desde su exilio en México se preguntó *"Por qué habla tan alto el español"*. Y dio tres respuestas, referidas a otros tantos momentos históricos, que permiten a los españoles 'hablar alto'; es decir, estar orgullosos, pero también atentos a nuestro pasado: uno, el grito de ¡Tierra! que anunciaba el descubrimiento de un mundo de otras dimensiones; otro, el de ¡Justicia! sembrado en tierras de la Mancha por un hidalgo medio loco, Don Quijote y, por último, el grito de *¡que viene el lobo!*, advertido por los que sospechaban la llegada de la dictadura, tras la guerra in-civil de 1936-39.

Y es cierto que los españoles hemos de estar orgullos de nuestra historia. Por eso, cuanto mejor conozcamos nuestro pasado, estaremos más dispuestos a que no se repitan los errores, aunque Jean Paul Sartre, algo pesimista, dijo que *"uno de los errores de la historia es que a veces se repite"*.

El autor de este libro, escritor, poeta, editor altruista, con el que me une una gran amistad y al que le profeso sincera admiración, el historiador José Antonio Quesada Montilla, escribe una apología, más que un ensayo histórico, sobre este militar pealeño, que fue ascendiendo a base de méritos y arrojo, propios de su temprana vocación para servir en el ejército español, en unos tiempos escasos de paz y prolíferos en guerras, unas civiles y otras en las provincias americanas y colonias del norte de África.

Con la maestría de un devoto de su pueblo natal y de la materia que domina, Quesada Montilla más que contar, realiza un recorrido por la trayectoria profesional (de cadete a oficial, jefe, hasta el generalato) y heroica, que hizo merecedor al general Ildefonso Láinez Cruz de diversas medallas al Mérito Militar.

Gozó de cielo en sus ascensos, reconocidos por sus acciones militares, pero también sufrió el infierno en tierras africanas (el desastre del Barranco del Lobo, en Melilla): *"el tributo de sangre española en África es estremecedor"*, nos dice el autor en este interesante libro.

Porque la conclusión a que se llega tras la lectura de la vida de este militar/héroe casi desconocido, es que, no solo nos relata el autor un fragmento de la historia de España, centrada en el personaje pealeño a lo largo de su trayectoria personal y militar (nacer, crecer en la milicia, tocar el cielo por sus laureadas, hasta morir en su pueblo), en definitiva, 'lo que sucedió'; sino que nos invita, como historiador con alma de poeta, a que meditemos sobre lo que 'debía haber sucedido'. Esto último nos ayudaría a poder cambiar/mejorar el mundo.

Málaga, 23 de agosto de 2021

José Luis Pérez Fuillerat

Licenciado en Filología Románica.
Licenciado en Derecho.
Catedrático de Instituto de Bachillerato.

Preámbulo

Adentrarse en la microhistoria de una pequeña localidad como es Peal de Becerro se asemeja —salvando las distancias épicas con las que uno no pretende equipararse—, al reto de un explorador pionero. Prácticamente todo es ignoto, y el historiador debe enfrentarse a menudo a un vasto desierto historiográfico y documental que amenaza permanentemente con llevar al amargor del fracaso la misión emprendida. Pero si algo nos enseña la Historia —la de verdad, no esa bastarda pergeñada por intereses políticos— es que siempre hay un paso, un sendero, un cabo o un estrecho de mar por descubrir. Y esa es la misión del historiador: descubrir cómo pasaron las cosas y por qué pasaron junto con sus consecuencias. Y explicarlas en la medida de lo posible.

Sin embargo, en puridad, este modesto ensayo biográfico no pretende presentar ni arrogarse ningún descubrimiento. Pero sí un rescate; librar del polvo del olvido público a un pealeño que combatió con honor y valentía en las guerras que le tocó librar, tanto en suelo patrio como en ultramar y África, y que alcanzó el generalato siendo condecorado con las más prestigiosas distinciones militares para, finalmente, en el ocaso de sus días volver al terruño que lo vio nacer.

El general Ildefonso Láinez Cruz es, hoy por hoy, un ilustre olvidado; solo recordado por sus descendientes y por algunos entusiastas de la historia de la localidad. Su memoria no figura en el callejero de su pueblo natal. Ni se conserva su tumba en el cementerio del municipio. Nada en la vida pública de la localidad muestra un indicio de su existencia. Por ello, mi tarea ha consistido en recuperar, rastreando a través de la información disponible, su periplo vital y poner a disposición de sus vecinos del siglo XXI la semblanza de este hombre magnífico. Corresponde ahora, muy especialmente al amable lector pealeño, la conservación de su recuerdo. A mí se me ha otorgado el honor y el privilegio de ser, probablemente, su primer biógrafo. Esfuerzo y trabajo que solo cobra sentido si hay un lector al otro lado de este libro.

Los primeros años

Nace Ildefonso Láinez Cruz un 4 de diciembre de 1858 en Peal de Becerro. Es el hijo primogénito del matrimonio formado por Plácido Láinez y Florencia Cruz, con residencia en este municipio[1]. La familia Láinez-Cruz iría creciendo en los siguientes años, sumando a Ildefonso seis hijos más: Emiliano, Carmen, María, Enrique, Francisco y César.

Nada sabemos con certeza de la infancia del futuro militar salvo que, muy probablemente, transcurriría de forma apacible en el pueblo que lo había visto nacer. La holgada posición económica de la familia, medianos propietarios agrícolas de adscripción liberal[2], le garantizó el

[1]Aunque el acta de defunción de Plácido Láinez (1897) indica que era natural de Cazorla, hay que tener en cuenta que Peal de Becerro no es municipio independiente hasta 1847, por lo que hasta entonces todos los nacidos en la localidad eran cazorleños según el Registro Civil. D. Plácido Láinez había nacido en 1832, muy probablemente en Peal de Becerro).

[2]Plácido Láinez llego a ostentar a comienzos de los años 90 del siglo XIX la jefatura local del partido liberal de Sagasta. Véase: José Antonio Quesada Montilla: *De Tugia a Peal de Becerro. Aproximación a su Historia.* Ediciones Rubeo, 2019, p. 100. También desempeñó los cargos de regidor y de asociado del ayuntamiento pealeño en diversas ocasiones durante las décadas de los setenta y los ochenta del mencionado siglo. Asimismo, su abuelo Ildefonso también fue regidor del municipio. Los Láinez eran, en conclusión, una familia de notables bien conocida en el pueblo.

acceso a los niveles básicos de la enseñanza de la época. Haber cursado los estudios pertinentes era requisito indispensable para el acceso a la Academia Militar.

Son los tiempos de relativa paz del reinado de Isabel II, en los que la revolución liberal de carácter doctrinario pugna por imponerse ante el reaccionarismo carlista y las reivindicaciones democratizadoras de su ala más radical, republicana y obrerista. Son también los tiempos de «los duendes de la camarilla», que tan magníficamente narrara Galdós años más tarde, y los de un proceso de industrialización de lento avance, que tendría su exponente más significativo en el desarrollo de la red ferroviaria española.

Cuando Ildefonso Láinez aún no contaba con cuatro años, la reina visitó Andalucía entre el 13 de septiembre y el 20 de octubre de 1862. En Jaén estará entre el 13 y el 17 de septiembre y, posteriormente, a su regreso, entre el 6 y el 8 de octubre. Ya en esa fecha, la nación comienza a dar los primeros síntomas de crisis económica y política que terminará en el estallido revolucionario de septiembre de 1868.

Pero ninguno de los avatares de la abigarrada vida política española debió turbar la infancia y primera juventud de nuestro protagonista. Peal de Becerro es por aquellos años un pueblo de poco más dos mil habitantes[3], de eco-

[3]José Antonio Quesada Montilla: *De Tugia a Peal de Becerro. Aproximación a su Historia.* Ediciones Rubeo, 2019, p. 185.

nomía agroganadera y que apenas lleva dos décadas como entidad municipal independiente, sin que ello significara que su espacio público permaneciera al margen de las convulsiones políticas que caracterizaron al sexenio democrático.

En aquel contexto de ebullición nacional, el joven Ildefonso ultima su preparación académica para su ingreso en la milicia. La breve crónica elaborada por la revista *Lope de Sosa* en 1920 en torno a su figura puede dar a entender que aquella decisión vital fue imposición paterna:

> «sus padres, que de santa gloria gocen, dedicáronlo al muy honroso ejercicio de las armas (…)»[4]

Sin embargo, la vocación militar debía anidar, sin duda, en el espíritu de aquel muchacho pealeño. Esta inclinación al oficio de las armas pudo verse influenciada, probablemente, por la ilustre figura del general Serrano, amigo de la familia y que solía visitar Peal de Becerro a menudo por poseer en esta localidad una fábrica de anisados[5]. Sea como fuere, sin una convicción clara y sin un carácter firme y resolutivo

---

[4]*Lope de Sosa*, nº 93, 1920 p. 259.
[5]*La Gaceta industrial*. Madrid, 10 de octubre de 1880, nº 19, p.2

no hubiera afrontado los peligros y penurias a los que decidió enfrentarse a lo largo de su vida. Toda su existencia la consagró a la milicia. Algo ciertamente imposible si hubiera carecido de vocación.

De cadete a oficial

Finalizados los turbulentos tiempos de la revolución septembrina —que conllevó, incluso, un recambio fallido de dinastía— y cercenado por los sables de Pavía y Martínez Campos el pavoroso desorden en que había desembocado la I República, encontramos al cadete de dieciséis años, Ildefonso Láinez, en la Academia Militar de la Salesas de Madrid, donde había ingresado el 23 de noviembre de 1874. En junio de 1875 es destinado al Regimiento de Asturias establecido en Zaragoza con el empleo de alférez.

Pero la restauración de la monarquía borbónica estaba lejos de su consolidación. El carlismo, insurrecto en la zona vasco-navarra y en Cataluña, que no acepta el establecimiento de una monarquía parlamentaria y liberal, tiene que ser combatido por el ejército. El pretendiente carlista, Carlos, Duque de Madrid, desoyendo al que hasta entonces había sido la figura político-militar más relevante de sus filas, el general Cabrera, había lanzado sus tropas a la guerra.

El oficial Láinez es destinado a esta última región bajo el mando del general D. Valeriano Weyler y del brigadier D. Mariano Calleja, donde participa en las acciones del 27 de julio y 1 de agosto en torno a Breda y Sant Celoni, en las estribaciones del macizo del Montseny, lugar donde se halla emboscado una parte importante del ejército carlista en Cataluña, y «(...) en cuyos hechos de armas se ha conducido de un modo digno de recomendación observando también el mejor comportamiento.[1]»

El 22 de agosto se incorpora con su batallón a Haro y el 3 de septiembre es destinado a Vitoria, donde permanecería hasta el 22 de septiembre en que volvería a Haro con motivo de haber sido destinado «(…) a formar parte del cuadro de instructor de quintos, cuyo cometido desempeñó a satisfacción de sus Jefes[2].»

El 4 de noviembre de 1875 participa en las operaciones de reconocimiento y acción contra los carlistas de la Rioja alavesa bajo el mando del general Jenaro de Quesada. Por Real Orden de 8 de septiembre le sería concedida la medalla de Alfonso XII con los pasadores de Oria y Elgueta. Terminaría el año acantonado en esta última localidad.

El 28 de enero de 1876 emprendería, junto con todo el ejército, las operaciones sobre Atarbare y Villa-Real. Al día siguiente, bajo el mando del general Quesada y del marqués de Fuente Fiel, las tropas alfonsinas tomarían el fuerte de San Antonio de Urquiola. El día 13 de febrero saldría de Durango con el 2º Cuerpo de Ejército en dirección a Oria «(…) encontrándose

---

[1]Hoja de servicios de Ildefonso Láinez Cruz. *Archivo General Militar de Segovia.*

[2]*Ib.*

con la Brigada que formaba parte de la batalla de Elgueta en que le cupo la gloria de tomar a la bayoneta la Sierra del Manzano, siendo desalojado el enemigo después de tres horas de combate (…)[3].»

Por R. O. de 22 de febrero se le concedería el grado de teniente con antigüedad de 2 de noviembre del año anterior «(…) en recompensa del mérito que contrajo en las acciones Villa-Real de Álava, Murguías, Orduña y Berambias ocurridas desde el día 2 de octubre al 25 de noviembre del mismo [año 1875][4]». Su participación en esta guerra le traería a Ildefonso Láinez otro reconocimiento más: su consideración como Benemérito a la Patria según se recogió oficialmente en la Real Orden de 3 de julio[5].

Finalmente, la victoria del ejército regular, que contó con la presencia del propio rey Alfonso XII[6] en el frente, descabezó definitivamente la fuerza militar de los sublevados poniendo fin a la III Guerra Carlista. El Pacto de El Pardo entre Cánovas y Sagasta asentaba definitivamente las bases políticas del nuevo régimen inaugurando un período de desconocida estabilidad institucional en España que duraría hasta 1923.

---

[3]*Ib.*

[4]*Ib.*

[5]*Ib.*

[6]De ahí que en algunas de sus biografías se le apode como *El Pacificador.*

Ildefonso Láinez, como hemos señalado, fue ascendido a teniente por méritos de guerra y recibió las medallas de Alfonso XII y la Cruz Roja del Mérito Militar por sus acciones durante la contienda. Aquella guerra civil fue la última hasta 1936.

La *pax* de La Restauración

Consolidado el régimen canovista, basado en el turno pacífico del poder entre los dos grandes partidos dinásticos —el conservador y el liberal—, España goza de unas décadas de relativa tranquilidad solo enturbiada por el enquistamiento del problema cubano y la amenaza del terrorismo anarquista. A nivel interno, se retoma el impulso industrial y modernizador del estado que, aunque lastrado por las prácticas oligárquicas y caciquiles, continúa su moderado avance.

Por lo que respecta al joven oficial Láinez, estos años son de lento progreso en su carrera militar. Sus primeros destinos después de la contienda seguirán estando en el norte, concretamente en Navarra, provincia carlista por excelencia. El 2 de febrero de 1877 sería trasladado a Pamplona con su Regimiento, donde permanecería hasta el 13 de mayo, fecha en la que sería destinado a Olite. En esta ciudad permanecería hasta finales de agosto para, a continuación, «(...) pasar a situación de reemplazo al Distrito de Granada y a solicitud propia según comunicación del 27 de mismo con residencia en Peal de Becerro (Jaén) donde finó el año[1]».

[1]Hoja de servicios de Ildefonso Láinez Cruz. *Archivo General Militar de Segovia.*

A mediados de 1878 sería trasladado al Batallón Reserva de Jaén nº 1. En ese destino recibiría la noticia de la concesión de la cruz de primera clase del Mérito Militar con distintivo blanco según se recogía en la R. O. de 25 de junio[2]. En este destino permanecería hasta finales de febrero de 1880, en que sería destinado al Batallón Depósito de Baza nº 61, que poco después cambiaría de número, nombre y residencia, pasando a denominarse Batallón Depósito de Guadix nº 64, para continuar prestando su servicio. A mediados de agosto está de regreso en Peal, donde permanecerá dos meses colaborando en los negocios agrarios de la familia.

> «En 5 de Agosto marchó en uso de dos meses de licencia por asuntos propios á Peal de Becerro, concedidos por el Exmo. Señor Capitán General del Distrito (…) incorporándose en igual día de Octubre quedando prestando el servicio de su clase hasta fin de año[3].»

El teniente Láinez permanecería en el destino de Guadix hasta el 27 de marzo en que marcharía a Granada nuevamente formando parte de la comisión receptora de reclutas des-

---

[2] *Ib.*
[3] *Ib.*

tinados al Batallón para volver posteriormente a Guadix. Regresaría a la ciudad de la Alhambra el 29 de junio al ser nombrado Habilitado, y allí permanecería hasta finales de junio de 1883, cuando regresaría a su Batallón, una vez finalizada la comisión de su servicio.

A finales de mayo de 1884 pasaría a la situación de reemplazo. El teniente Láinez, una vez más, aprovecharía este paréntesis en su servicio para regresar de nuevo a su pueblo, donde permanecería hasta finales de noviembre antes de incorporarse al Batallón Reserva de Úbeda nº 95. Por R. O. de 8 de diciembre fue ascendido a teniente por antigüedad —recordemos que ya lo había sido por méritos de guerra—, reconociéndosele la efectividad de dicho ascenso desde el 1 de noviembre.

En el destino ubetense permanecería hasta finales de 1885, cuando sería trasladado al Regimiento de Infantería de las Antillas nº 44 acantonado en Linares. Allí permaneció hasta el 22 de septiembre de 1886 en que marchó en calidad de alumno a las conferencias de oficiales de Sevilla.

Tras su participación en aquellas conferencias formativas, el teniente Láinez goza de una licencia de vacaciones de dos meses que, una vez más, aprovecha para regresar a su terruño. Esta vez permanecería en Peal de Becerro de primeros de julio a mediados de agosto de 1887, cuando marcharía nuevamente a incorporarse a su Batallón en Cádiz. En esta ciudad permanece hasta el 12 de marzo de 1888, en que es destinado a Béjar (Salamanca) a recibir los reclutas destinados a su Batallón, regresando nuevamente a Cádiz el día 11 de abril. Ese verano pisa por primera vez tierra africana:

> «El día 4 de julio y a bordo del vapor mercante la "Cartuja" se trasladó con todo su Regimiento a Ceuta a la que llegó el día 5, permaneciendo de guarnición hasta el 2 de Septiembre que marchó a Cádiz a disfrutar 20 días de licencia que por asuntos propios le fueron concedidos (…)[4].»

En la ciudad gaditana permanece los meses siguientes, destinado en el Regimiento de Infantería de Álava nº 60. A nivel personal es uno de los momentos más importantes de su vida. En Cádiz conoce a la que será su mujer y con la que ya permanecerá el resto de su vida, doña Josefa Carrión, a la sazón hija del Gobernador Militar y de la que algunos testimonios han dejado constancia de su carácter afable y alegre, así como de su belleza física. El matrimonio tendría cuatro hijos: Álvaro, Florencia, Ildefonso e Isabel.

El teniente Láinez, aún soltero, pero ya en relaciones de noviazgo formar con Josefa Carrión,

---

[4] *Ib.*

pasa las Navidades de 1889 en Peal de Becerro. Así lo recoge su hoja de servicios:

> «(...) continuando de guarnición hasta el 22 de Diciembre que marchó a Peal de Becerro con licencia de Pascua en virtud de lo dispuesto en R. O. de 12 del mismo (D. O. nº 277) y en dicha situación finó el año[5].»

Por R. O. de 10 de junio de 1890 es ascendido a capitán[6] y destinado al Regimiento de Infantería de Extremadura nº 15. Aunque, seguramente, el hecho más trascendental de ese año en la vida del ya capitán Láinez sería su matrimonio con Josefa Carrión:

> «El 28 del referido Junio se le expidió certificado de soltería al objeto de contraer matrimonio[7].»

El primer destino como oficial casado sería en la plaza de Huelva, en el ya mencionado Regimiento de Infantería de Extremadura nº 15, siendo destinado al cuadro permanente del 3er Batallón. A mediados de enero de 1891 volvería

---

[5] *Ib.*
[6] *El Correo Militar*, nº 4365, 6 de mayo de 1890.
[7] Hoja de servicios de Ildefonso Láinez Cruz. *Archivo General Militar de Segovia.*

a Peal con dos meses de licencia para regresar nuevamente a Huelva antes de ser destinado al Regimiento de Álava nº 60 en Cádiz[8].

El recrudecimiento de la insurrección cubana, problema nunca resuelto, le lleva destinado al Departamento de Embarque de Cádiz[9] donde se incorporó el 1 de enero de 1892, quedando encargado de cuestiones relacionadas con la logística de las levas de los soldados de ultramar.

En las obligaciones militares de su plaza gaditana permanecería hasta finales de 1895. El 30 de octubre de ese año recibe una noticia de hondo calado: se le comunica su destino al Ejército de Cuba[10], donde la guerra abierta contra los insurgentes, y muy pronto contra los useños, se cobraba ya centenares de vidas españolas.

El 30 de noviembre de 1895, a bordo del vapor-correo *Alfonso XIII*, el capitán Ildefonso Láinez parte con destino a la Habana desde el puerto de Cádiz.

---

[8]*El Correo Militar*, nº 4702, 20 de junio de 1891.
[9]*Anuario Militar de España*, 1892 p. 295.
[10]*Ib*. 1897, p. 283.

En el matadero cubano

Este conflicto —a la postre, el definitivo de la Guerra de Cuba— se inició con el llamado *Grito de Baire* y supuso el levantamiento simultáneo de treinta y cinco localidades cubanas contra la administración española. A su vez, el líder independentista cubano, José Martí[1] desembarcaba con un reducido contingente militar en las Playitas de Cajocabo. Era el 24 de febrero de 1895.

El gobierno de España logró contener la insurrección en la parte occidental de la isla. Sin embargo, la parte oriental fue pronto un inmenso quebradero de cabeza y las fuerzas militares españolas se vieron sobrepasadas. Cánovas, a la sazón jefe del gobierno de la reina María Cristina, envío el 21 de marzo de 1895 siete mil hombres de refuerzo[2] y nombra al prestigioso general Martínez Campos capitán General de Cuba. España llegaría a tener hasta 200.000 soldados en la isla, según algunas fuentes.

A pesar de las muertes de los principales

---

[1]José Martí había sido deportado a USA en 1871 por el gobierno español donde había fundado el Partido Revolucionario Cubano, cuya prioridad era la independencia de la isla.

[2]Previamente, al estallar el conflicto, había enviado nueve mil.

caudillos secesionistas, Martí y Maceo[3], la rebelión se propagó por toda la isla. El gobierno español sustituyó al general Martínez Campos por el general Weyler quien, decidido a acabar la guerra en veinticuatro meses, aplicó una durísima política de «reconcentración» consistente en agrupar a la mayor parte de la población campesina en grandes núcleos cerrados, similares a campos de concentración, para evitar que la guerrilla cubana pudiera obtener apoyo logístico y de intendencia de las zonas rurales. La medida, muy controvertida, tampoco funcionó a la postre y la insurgencia cubana continuó con su eficiente lucha de guerrillas.

Este es el dantesco panorama que se encuentra el capitán Laínez —y otros soldados pealeños[4]— a su llegada a la isla: un ejército exhausto por la resistencia de los rebeldes y agotado por las enfermedades tropicales.

Conocida la dramática situación de los soldados españoles, cientos de municipios espa-

---

[3]José Martí murió casi al comienzo de la contienda, el 19 de mayo de 1895; y Antonio Maceo parece ser que cayó en una emboscada contra el ejército español diseñada, paradójicamente, por él mismo el 7 de noviembre de 1896.

[4]En 1896 serían alistados en el ejército con destino a Cuba 59 soldados de Peal de Becerro, entre ellos los toyanos Juan Diego Padilla, Braulio Pedro Gallardo, Eusebio Bautista y Felipe Javier Zamora. Véase De Tugia... *Op. Cit.* p. 99

ñoles coordinaron la solidaridad de sus vecinos para paliar, en la medida de lo posible el sufrimiento de sus combatientes y sus familias. El Ayuntamiento de Peal de Becerro fue uno de ellos. Los pealeños contribuyeron solidaria y generosamente con la causa, como reconoció el gobernador civil de Jaén en febrero de 1898:

> «(...) [he] recibido las ciento treinta y dos pesetas y cinco céntimos a que asciende la suscripción realizada en este pueblo para socorrer con unos productos a los huérfanos de la Guerra de Cuba»[5].

Láinez, que había desembarcado en el puerto de La Habana el 15 de diciembre, fue destinado el 24 a Manzanillo (Santiago de Cuba). El 5 de enero de 1896 parte por vía marítima «(...) formando pare de una columna al mando del coronel (...) Sánchez Echeverría, emprendiendo la marcha con el fin de operar en la provincia de Pinar del Río, habiendo desembarcado en la Coloma el día 10 del mismo emprendiendo la marcha el siguiente para Pinar del Río y en constantes operaciones por su jurisdicción y conducción de convoyes desde este punto del Coloma y viceversa (...)»[6].

---

[5]*Archivo Municipal de peal de Becerro*. Libro de Actas de pleno, 1873. Caja 27.
[6]Hoja de servicios de Ildefonso Láinez Cruz. *Archivo General Militar de Segovia.*

A mediados de mayo se ve envuelto en un serio combate que le enfrenta a las partidas los cabecillas rebeldes Martínez y Bermúdez en el paraje del Potrero del Cristo. Láinez consigue regresar sano y salvo a su campamento. Láinez servirá en el 1er Batallón del Regimiento de Guipúzcoa nº 53, bajo el mando del teniente coronel D. Ignacio de Torres y Pérez y participará en los combates de Las Taironas y en el de La Trocha a las órdenes del general Arolas. Poco después, como capitán del Regimiento de Isabel la Católica, defenderá heroicamente la posición de Callajabos. Por este hecho de armas obtendría nuevamente la cruz roja del Mérito Militar.

El capitán Ildefonso Láinez consigue resguardarse de las balas enemigas, pero las fiebres tropicales y la malaria se ceban en el bravo oficial pealeño y ponen en grave riesgo su vida. El 8 de enero de 1897 se le concede una licencia de 20 días por enfermedad y es trasladado a La Habana, donde queda convaleciente en un hospital de campaña.

Enfermo y exánime, no puede combatir y es declarado en situación de reemplazo[7]. Con la salud minada tiene que ser repatriado[8] desde La Habana a bordo del vapor *Alfonso XII* el 10

---

[7]*La Correspondencia Militar*, nº 5971, 10 de septiembre de 1897.

[8]*Ib.* nº 6.067, 29 de diciembre de 1897, p. 2.

de febrero de 1897. Un demacrado Láinez, encarnación en esos momentos de la imagen de un país, desembarca en el puerto de Cádiz el 27 del mes referido.

Sin embargo, y tras pasar unos días en la ciudad gaditana al amparo de los cuidados familiares, el capitán Láinez solicita el pertinente permiso, que se le concede, para residir en Peal de Becerro hasta su total restablecimiento. En su pueblo permanecerá intentando recobrar la salud casi un año, hasta finales de febrero de 1898.

1897 es un año triste para Ildefonso Láinez. A la derrota militar de España que ya se vislumbra en el horizonte y a sus graves problemas de salud, nuestro militar tiene que sumar el doloroso acontecimiento del fallecimiento de su padre, D. Plácido, el 14 de marzo de ese año, a los sesenta y cinco años de edad.

Su carrera militar en España

Considerablemente repuesto de su enfermedad, el capitán Láinez es destinado al Regimiento de Reserva de Cádiz nº 42[1]. Sin menoscabo de seguir atendiendo sus obligaciones militares, estos momentos suponen un cierto reposo del guerrero después de tanta penalidad. También es tiempo de disfrutar de la vida familiar antes de ser destinado al Regimiento de Reserva de Jaén, 58[2] establecido en la zona de influencia militar de la provincia[3].

Al año siguiente, en 1899, sería destinado a Almería[4] y en la primavera de 1900 es enviado a la segunda región militar[5]. Su abnegado servicio, tanto en la guerra como en la paz, se ve recompensado en el otoño de ese año con la obtención de la Cruz Roja de primera clase del Mérito Militar[6].

Tras pasar por los anteriores destinos es ascendido a comandante en 1901[7]. Y ya como jefe

---

[1]*La Correspondencia Militar*, nº 6.069, 31 de diciembre de 1897, p. 2.

[2]*Anuario Militar de España*, 1898, p. 944.

[3]*La Correspondencia Militar*, nº 6.113, 21 de febrero de 1898, p. 2.

[4]*La Correspondencia Militar*, nº 6.592, 28 de septiembre de 1899, p. 2.

[5]*Ib*. nº 6.778, 28 de abril de 1900.

[6]*El Correo Militar*, 21 de octubre de 1900.

[7]*Anuario Militar de España*, 1901, p. 843

es destinado en 1902 al Batallón de Cazadores de Cataluña nº1[8] con sede en Algeciras y cuyo nombre rememoraba la región en la que se batió por primera vez como joven alférez recién salido de la Academia al servicio del rey Alfonso XII.

Los problemas sociales de la España de la época y sus manifestaciones, que a menudo adquieren formas virulentas, también se entrecruzan con los deberes militares del comandante Láinez. Un ejemplo es cuando un 10 de octubre de 1902 se le ordena que con su batallón marche a la Línea de la Concepción «(…) con motivo de haberse alterado el orden público regresando a Algeciras el día 15 donde de guarnición finó el año[9].»

En la anterior situación permanece hasta el 21 de enero de 1902, fecha en que es destinado a los Los Barrios con su Batallón, donde continúa de guarnición hasta el día 1 de agosto que pasa a desempeñar el cargo de Mayor del Batallón a propuesta del 1er Jefe, que es aprobada por el general subinspector de la 2ª Región Militar.

---

[8]*La Correspondencia Militar,* nº 7.446, 28 de junio de 1902, p. 2.

[9]Hoja de servicios de Ildefonso Láinez Cruz. *Archivo General Militar de Segovia.*

El 13 de febrero de 1904 es destinado a Ceuta. Esta vez, su presencia en suelo africano se va a dilatar por más tiempo. No será hasta el 2 de julio de 1906 cuando regrese nuevamente a Peal de Becerro con dos meses de licencia. A comienzos de septiembre regresa a su destino ceutí en un escenario ya claramente prebélico.

El infierno africano

Los Tratados de Tetuán (1860), Madrid (1880) y Algeciras (1906), completado este con el de Fez (1912), delimitaron los protectorados español y francés, cuya vida administrativa y geográfica se inició en 1907. La Declaración de Londres de 1904, por otra parte, asignaba a España la misión de facilitar ayuda a Marruecos para llevar a cabo las reformas militares, económicas y administrativas de las que estaban tan necesitados. Con todo, algunas tribus rifeñas no terminaron de aceptar de buen grado la intervención extranjera. El ejército español, además, debía defender la integridad del territorio nacional concretado en las ciudades de Ceuta y Melilla de las posibles intentonas de las kabilas.

En esa coyuntura, el comandante Láinez permanece en su destino a una de las plazas norteafricanas, en concreto al Regimiento de Ceuta[1] nº 60 donde desempeñará las funciones de Mayor hasta enero de 1910[2]. *La Correspondencia Militar* recogerá por esa época alguna anécdota de su vida en la milicia, como cuando se adhirió junto con otros compañeros a una iniciativa para regalar al general Federico de Ma-

---

[1]*Anuario Militar de España* 1908, p. 297

[2]*La Correspondencia Militar*, nº 9.184, 3 de febrero de 1908, p. 2

dariaga la faja correspondiente a su status jerárquico.

Menos anecdótico, por lo que se refiere a su carrera militar, es la comunicación que recibe a comienzos de abril de 1908[3] en la que se le declara apto para el ascenso a teniente coronel. Comunicación que se concretaría por Real Orden de 1 de abril en 1911[4]. Entre esos años recibe la confirmación de su destino coincidiendo con el recrudecimiento de la guerra de Marruecos.

Efectivamente, en 1909 tendría lugar uno de los episodios más dramáticos y de mayor impacto traumático entre la opinión pública española relacionado con la Guerra de Marruecos: el desastre del Barranco del Lobo. En julio se había producido en torno a Sidi Musa un ataque rifeño a un grupo de obreros españoles que construían un puente para el ferrocarril minero[5].

---

[3]*La Correspondencia Militar*, nº 9.236, 3 de abril de 1908, p. 2.

[4]*El Heraldo Militar*, nº 5.612, 4 de abril de 1911, p. 2

[5]Uno de los propietarios de la compañía española de las minas del Rif era el conde de Romanones sobre quien recayó una acerba coplilla, muy famosa en su día:

Los obreros de la mina
están muriendo a montones
para defender las minas
del Conde de Romanones
que luego los asesina.

Cuando el gobierno de Maura conoció el atentado decretó la movilización de tres brigadas mixtas de Cazadores, formadas en su mayor parte por reservistas de las quintas de 1903 y 1904, lo que provocó graves disturbios en Madrid y, sobre todo, en Barcelona, dando lugar a lo que se ha denominado historiográficamente como la Semana Trágica.

Las fuerzas expedicionarias llegaron el día 16 a Melilla y dos días después entraban en combate en una situación material lamentable. Sin apenas comida ni agua, bajo un sol abrasador, los soldados españoles lograron rechazar, tras duros combates, los ataques de las kabilas en torno a Sidi Musa. A pesar de ello, el día 22 las incursiones rifeñas se aproximaban a Melilla. Temiendo un ataque general sobre la ciudad, el general Marina acantona seis compañías de infantería y una sección de artillería en las inmediaciones de la ciudad al mando del coronel Álvarez Cabrera. Este ordena una marcha nocturna, seguramente mal planificada, hacia Ait Aixa y la columna se desorienta durante la noche. Al amanecer se encuentran en el barranco de Alfer, rodeados por los tiradores rifeños apostados en las alturas. Veintiséis soldados españoles mueren junto con su coronel. Doscientos treinta quedan heridos en diversos grados. A pesar de ello, el resto de la tropa consigue desalojar al enemigo de las alturas y hacerlo retroceder. Pero el aparente —y sangriento— *éxito* es el preámbulo de la tragedia.

El 26 de julio, el mando español tiene noticias bien contrastadas de que los rifeños preparan un ataque de gran envergadura sobre Melilla. El ya teniente general Marina ordena la salida de un destacamento para proteger la Segunda Caseta y manda que la Brigada de Cazadores de Madrid estreche la vigilancia sobre la zona del Barranco del Lobo y del Alfer. Es un enorme error estratégico, ya que los francotiradores de las kabilas siguen emboscados en las alturas del monte Gurugú. Estos se ceban, con un eficiente fuego graneado, sobre una tropa española bisoña y mal preparada. Y en esa situación desesperada, el mando español comete un nuevo y fatal error: ordena la retirada del contingente sin un mínimo apoyo artillero. La masacre es inevitable. En el Barranco del Lobo quedan los cuerpos de 153 soldados (17 jefes y oficiales y 136 hombres de tropa)[6].

De aquella tragedia española surgió una canción que se hizo tristemente célebre en su día:

En el Barranco del Lobo
hay una fuente que mana
sangre de los españoles
que murieron por España.
(otras versiones: «por la patria»)

---

[6]De Madariaga, María Rosa: «La guerra de Melilla o del Barranco del Lobo, 1909.» En *Semana Trágica. Entre las barricadas de Barcelona y el Barranco del Lobo*. Edicions Bellaterra, Barcelona, 2010.

¡Pobrecitas madres,
cuánto llorarán,
al ver que sus hijos
a la guerra van!
(otras versiones: «ya no volverán»)

Ni me lavo ni me peino
ni me pongo la mantilla,
hasta que venga mi novio
de la guerra de Melilla.

Melilla ya no es Melilla,
Melilla es un matadero
donde van los españoles
a morir como corderos.

Por lo que respecta a nuestro paisano militar, este es destinado, ya como teniente coronel, al Regimiento de Infantería de Granada[7] nº 34 pasando al poco tiempo al Regimiento de Ceriñola nº 42 de Melilla donde asumiría el cargo de Mayor[8]. Y «por encontrarse el Regimiento en las líneas de avanzadas se encargó también de la Representación y despacho de los asuntos del mismo (…)[9].

---

[7]*El Heraldo Militar*, nº 5.628, 24 de abril de 1911, p. 3.
[8]*El Heraldo Militar*, nº 5.728, 26 de agosto de 1911, p. 3.
[9]Hoja de servicios de Ildefonso Láinez Cruz. *Archivo General Militar de Segovia.*

La situación bélica dista mucho de la pacificación. Las kabilas, aunque en esos momentos no acometen operaciones militares de gran envergadura, siguen hostigando a las tropas españolas. El tributo de sangre española en África es estremecedor.

El teniente coronel Láinez no es, por otra parte, el único pealeño que combate en la Guerra de Marruecos. Algunos de sus paisanos forman parte del Regimiento de Ceriñola y están a sus órdenes, muchos en estado de necesidad material que la intendencia militar palía a duras penas. Los soldados de Peal de Becerro que luchan en las quebradas y barrancos africanos son, en su infinita mayoría, braceros y menestrales de extracción social humilde, cuyas familias no pueden hacer frente a las mil doscientas pesetas que cuesta exonerarlos de sus obligaciones militares.

El Ayuntamiento de Peal de Becerro, en un momento determinado y confiando en la más que probada honradez de su militar de más alta graduación, envió al teniente coronel Láinez cinco duros para cada soldado pealeño de su guarnición[10]. Esta iniciativa benéfica demuestra, asimismo, la gran consideración que el consistorio pealeño tenía hacia el teniente coronel

---

[10] *La Correspondencia de España*, nº 19.729, 17 de febrero de 1912, p. 2.

Ildefonso Láinez, figura bien conocida en su pueblo y con el que mantenía, a pesar de la vida itinerante característica de su profesión de militar, unos lazos afectivos que no se rompieron nunca.

A la probidad y honradez del militar pealeño se unía la profesionalidad y la eficiencia. En 1913 recibiría en oficio de la Comandancia General de Melilla de fecha 27 enero un expreso agradecimiento «(...) por el celo, laboriosidad y constancia demostrado en el desempeño como Jefe de ambas oficinas de este Regimiento durante el periodo que duró la campaña»[11].

Una de las responsabilidades del ejército español en su zona de influencia del protectorado consistía en la mejora de las infraestructuras de los pueblos y de los campamentos militares. En este cometido se distinguió Láinez, quien llegó a ser felicitado en persona por el rey Alfonso XIII con ocasión de las obras de canalización —que dirigió personalmente— efectuadas para el suministro de agua potable al campamento de Cabrerizas Altas y su zona de influencia[12].

Pero los años de peligros y fatiga en los frentes de guerra tocaban a su fin para el bravo guerrero pealeño. El día 1 de julio de 1913 se le

---

[11]Hoja de servicios de Ildefonso Láinez Cruz. *Archivo General Militar de Segovia.*

[12]*El Día de Madrid,* nº 1264, 5 de julio de 1912, p. 1.

daría traslado del telegrama del Ministro de la Guerra en el que se le comunicaba su destino a los juzgados militares de la ciudad de Melilla[13].

Así quedaba recogido en la R. O. de 30 de junio «en la que se dispone quede en situación de excedente en Melilla y desempeñe, en comisión, el cargo de Juez instructor en Causas de dicha Comandancia General de cuyo cargo tomó posesión el día 1 de julio (…)[14].» A partir de mediados del mes de agosto se responsabilizó, asimismo, «(…) de todos los expedientes administrativos del mismo y tramitándolos finó el año[15].»

Su dedicación en cuerpo y alma a la milicia y su inmaculada hoja de servicios[16] no habían

---

[13]*Anuario Militar de España,* 1914.

[14]Hoja de servicios de Ildefonso Láinez Cruz. *Archivo General Militar de Segovia.*

[15]*Ib.*

[16]Su nombre apareció en un expediente de instrucción relacionado con la concesión irregular de excepción del servicio a un soldado del Regimiento de Infantería de Ceriñola nº 2, bajo el mando de Láinez, llamado Juan de Dios Barrios. El expediente se saldó con el apercibimiento por falta leve al teniente Ignacio García Figuereo por no haber puesto el celo suficiente en sus responsabilidades y exonerando por completo al teniente coronel Láinez, al no «(…) existir motivos para suponer la existencia de delito alguno ya que no puede atribuirse a malicia o mala fe lo ocurrido.» Hoja de servicios de Ildefonso Láinez Cruz. *Archivo General Militar de Segovia.*

pasado, desde luego, desapercibidos para el estado mayor del Ejército. Así, en octubre de 1914 se publicaba su aptitud para el ascenso a coronel cuando por antigüedad le correspondiera[17] y se le concedía la cruz de San Hermenegildo, a la que sumaría el año siguiente la placa de San Hermenegildo, distinciones señeras de la orden, que se otorgaban a aquellos militares de conducta intachable y que hubieran dado muestras de un acendrado valor en la batalla. El teniente coronel Ildefonso Láinez la merecía, sin duda, sobradamente[18].

Pero nuestro pealeño aún seguiría prestando sus servicios en el ejército como Juez de Instrucción en las auditorías de guerra, responsabilidad que ejercería hasta 1917. En marzo de ese año sería destinado al Regimiento de Andalucía nº 52 desempeñando en comisión el cargo de Juez Instructor permanente de la Comandancia General de Melilla. Y en abril se le concedería el empleo de coronel de infantería.

---

[17]*La Correspondencia Militar*, nº 11.691, 8 de octubre de 1914.
[18]*El Heraldo de Madrid*, nº 8.892, 5 de julio de 1915.

Los últimos años del guerrero

En abril de 1917, año de grave crisis política del sistema de la Restauración y de importantes desórdenes públicos en España, el rey nombra al coronel Láinez para el mando de la zona de reclutamiento y reserva de León[1] nº 44. Al año siguiente pasa a depender de la 3ª Región militar como consecuencia de la nueva organización dada al ejército por la ley de 29 de junio. El ya coronel Láinez ejercerá sus responsabilidades como vicepresidente de la comisión mixta de reclutamiento[2] hasta la primavera de 1919. En esa fecha será nombrado por el rey General de Brigada de primera reserva[3] y por Real Decreto de 6 de octubre se le concede la Gran Cruz de San Hermenegildo.

Por esta época, y tras una larga vida de sacrificio consagrada al servicio de España, el rey Alfonso XIII le concede permiso para que fije su residencia en San Lorenzo de El Escorial[4] según la petición formulada reglamentariamente por el militar. Sin embargo, el general Ildefonso Láinez, aun manteniendo militarmente

---

[1] *La Época,* nº 23.880, 12 de abril de 1917, p. 6.

[2] *Guía oficial de España,* 1918, p.458.

[3] *La Correspondencia de España,* nº 22.329, de 3 de abril de 1919.

[4] *La Mañana,* nº 3.406, 25 de abril de 1919.

el domicilio escurialense, no tardaría en trasladarse a Peal de Becerro donde, de facto, residiría de forma estable a partir de 1920. Y en la primavera de ese año recibe lo que serán sus últimas condecoraciones. Por R. O. de 14 de mayo «(...) se le concede a la Cruz y placa de San Hermenegildo la antigüedad de 28 de marzo de 1898 y 28 de marzo de 1908 respectivamente[5].» Tiene entonces sesenta y dos años.

Es también por estas fechas cuando la revista *Lope de Sosa*[6] realiza del general Láinez una breve semblanza, la única pública que conocemos hasta el momento, y donde se reproduce lo que posiblemente fuera su último retrato como militar. La fotografía nos devuelve, desde la serenidad que dan los años, la imagen de un hombre adusto y algo ceñudo.

Los últimos tres años de su vida transcurren en buena medida en Peal de Becerro, en su domicilio de la calle Canalejas. En esta calle, hoy también inexistente en el callejero de la localidad, moriría de una congestión cerebral[7] el primero de noviembre de 1923 a la edad de sesenta y cinco años; curiosamente, la misma edad que tenía su padre en el momento de su fallecimiento.

---

[5]Hoja de servicios de Ildefonso Láinez Cruz. *Archivo General Militar de Segovia.*

[6]*Lope de Sosa,* nº 93, 1920 p. 259.

[7]Véase acta de defunción en el Apéndice Documental

Su viuda, la gaditana Josefa Carrión, fue auxiliada en aquel doloroso trance por un vecino del matrimonio, D. Matías Lafuente, también militar y de quien sabemos que en 1900 era segundo teniente en la escala de reserva.

Los restos mortales del general D. Ildefonso Láinez Cruz recibieron cristiana sepultura en una tumba del panteón familiar del cementerio de Peal de Becerro. Allí descansaron hasta el verano de 1936, cuando una turba frentepopulista, amparada en los desódenes derivados del estallido de la Guerra Civil y ante la pasividad de las autoridades municipales, profanó su sepulcro.

Conclusiones

Aunque para la confección de esta biografía solo hemos tenido acceso a la documentación oficial y pública contenida en archivos y prensa de la época —lamentablemente no se nos ha permitido el examen de ninguna documentación personal del general que, tal vez, hubiera arrojado alguna luz más precisa sobre su dimensión humana—, creemos que podemos elaborar un perfil bastante aproximado de su figura.

La trayectoria militar del general Ildefonso Láinez es de una pulcritud indiscutible, sin tacha alguna en su hoja de servicios, lo que denota un carácter firme y un acendrado sentido del deber. No conocemos sus inclinaciones ni sus opiniones políticas, si es que las tuvo. Los orígenes liberales de la familia bien pudieron ser la base ideológica de un militar que no parece que participara durante su dilatada carrera en ningún conciliábulo de espadones ni en ninguna asociación militar como, por ejemplo, las Juntas Militares de Defensa. Sea la que fuese su opinión acerca de ellas, el caso es que las distintas vicisitudes históricas que le tocó vivir no lo desviaron de su sentido del deber.

El último acontecimiento histórico de calado al que asistió, ya como general retirado y en el ocaso de su vida, fue el golpe de estado de Primo de Rivera. Aunque tenemos información oral no contrastada de que apoyó el advenimiento del régimen dictatorial —una amplia mayoría del país lo vio con cierta simpatía en los primeros tiempos, y hasta el líder socialista Largo Caballero aceptó su nombramiento como Consejero de Estado de la mano del dictador—, no nos parece este hecho lo suficientemente decisivo como para adscribir al general Láinez a una ideología definida.

En definitiva, el general Ildefonso Láinez Cruz fue un militar íntegro al servicio de su patria que sirvió bajo dos reyes y una regente y que supo cumplir con sus obligaciones inherentes a su institución en todo momento a lo largo de su vida.

Bibliografía

-Araque Hontangas, Natividad: *Las elecciones en el reinado de Isabel II. La Cámara Baja (1833-1868).* Tesis Doctoral. UAM, 2004.

-Caballero Domínguez, Margarita; Romero Salvador, Carmelo: «Oligarquía y caciquismo durante el reinado de Isabel II (1833-1868)». *Historia Agraria,* 2006 Núm. 38. Pág. 7-26.

-Costa Martínez, Joaquín: *Oligarquía y caciquismo como forma actual de gobierno en España: urgencia y modo de cambiarla.* Ed. Los hijos de M. G. Hernández, Madrid, 1902

-Chamocho Cantudo, Miguel Ángel: *La Diputación provincial de Jaén en el primer estado constitucional. Historia política y jurídica de la Diputación Provincial de Jaén (1813-1868). Entre el modelo liberal constitucional y el modelo moderado-isabelino.* IEG, Jaén, 2004.

-De Madariaga, María Rosa: «La guerra de Melilla o del Barranco del Lobo, 1909.» En *Semana Trágica. Entre las barricadas de Barcelona y el Barranco del Lobo.* Edicions Bellaterra, Barcelona, 2010.

-Espadas Burgos, Manuel, Seco Serrano, Carlos, Villacorta Baños, Francisco: «Alfonso XII y su época». *Cuadernos Historia 16,* 1985.

-Fernández de Alarcón Roca, Belén: *Vida cotidiana de la mujer en la burguesía en tiempos de Isabel II.* Tesis Doctoral. Universidad Rey Juan Carlos, 2011.

-Hall, Morgan C.: *Alfonso XIII y el ocaso de la monarquía liberal, 1902-1923*. Alianza Editorial, Madrid, 2005.

-Juliá Díaz, Santos: «La crisis de la Restauración. España hacia 1917» en *Cien años de la huelga de 1917*, César Luena López (dir.), 2018, pp. 79-100.

-López Cordero, Juan Antonio: *Jaén en el reinado de Isabel II. Las bases materiales y sociales (1843-1868)*. Tesis Doctoral. Universidad de Granada, 1988.

-Moreno Luzón, Javier: *Alfonso XIII. Un político en el trono*. Marcial Pons Editores, Madrid, 2003.

-Quesada Montilla, José Antonio: *De Tugia a Peal de Becerro. Aproximación a su Historia*. Ediciones Rubeo, 2019.

-Rivera Reyes, Ricardo: «El sexenio democrático de 1868 a 1875 en el municipio de Jaén». *Boletín del Instituto de Estudios Giennenses*, nº 220, 2019, pp. 233-263.

-Salafranca, Jesús F.: *El sistema colonial español en África*. Ediciones Algazara, Málaga, 2001.

-Sánchez Cervelló, Josep: «Andanzas del teniente Garrabea en la Tercera Guerra carlista». *Aportes: Revista de historia Contemporánea*, nº: 100, 2019, pp.

-Sánchez Mantero, Manuel: «Isabel II en Andalucía». *Andalucía en la Historia*, nº 7, 2004, pp. 62-68.

-Suárez Cortina, Manuel: *La España liberal (1868-1917). Política y sociedad.* Síntesis, Madrid, 2006.

-Tirado Fabregat, Daniel A.: «Protección arancelaria y evolución de la economía española durante la Restauración: un ensayo interpretativo». *Revista de Historia Industrial,* nº 9, 1996, pp. 53-82.

Prensa y Revistas

-Anuario militar de España.

-El Correo Militar.

-El Heraldo de Madrid.

-El Heraldo Militar.

-El Día de Madrid.

-Guía Oficial de España.

-La Correspondencia Militar.

-La Correspondencia de España.

-La Época.

-La Mañana.

-Lope de Sosa.

Archivos

Archivo Histórico Municipal de Peal de Becerro

Archivo General Militar de Segovia

Biblioteca Nacional de España

Registro Civil de Peal de Becerro

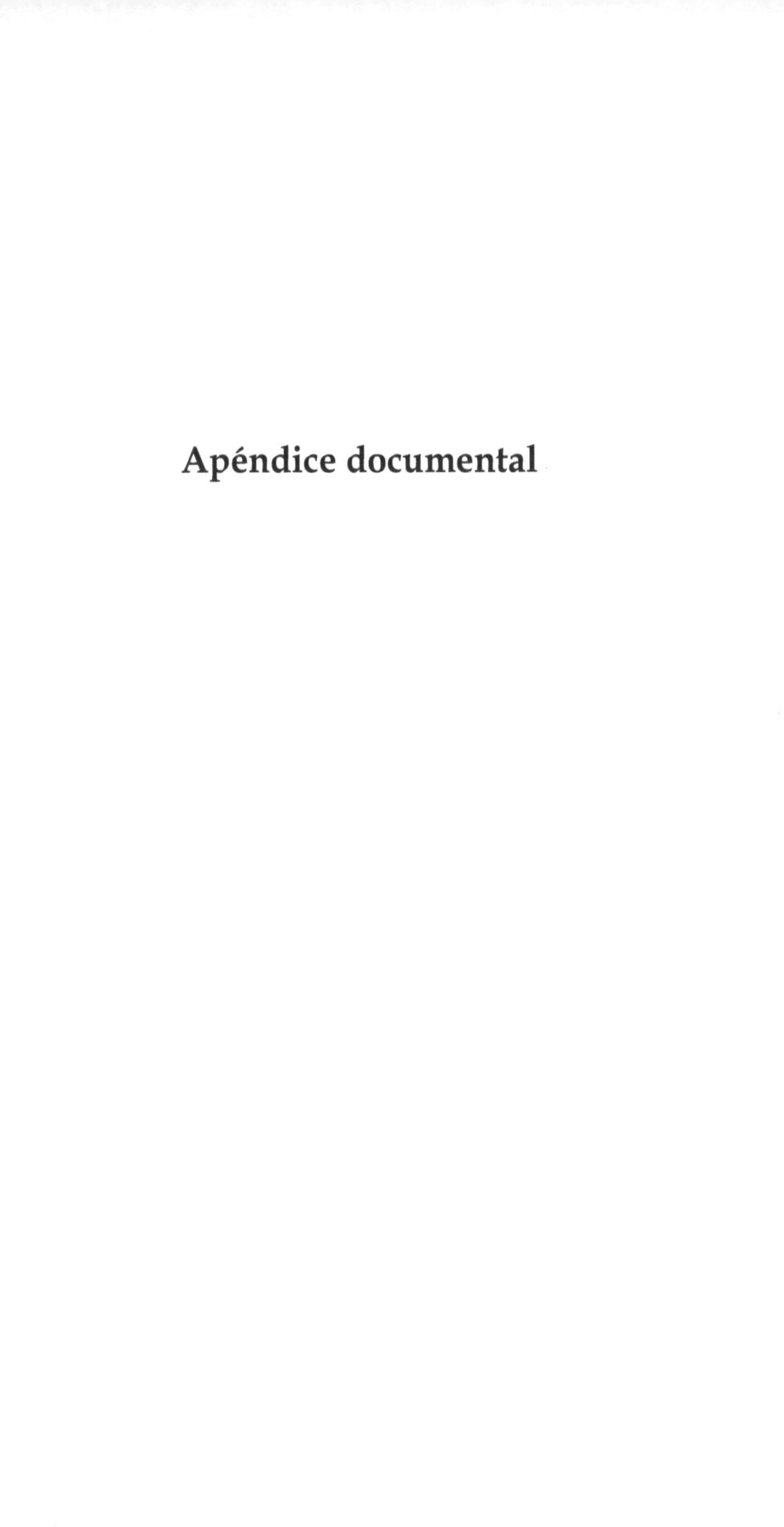

Apéndice documental

PLANO
del
TEATRO DE LA GUERRA
Del Ejército de Quesada y Loma
Signos

Ruinas del Ayuntamiento viejo de Hernani
tras la última guerra carlista (1875)
Biblioteca Nacional de España

D. Carlos de Borbón
Pretendiente carlista al trono de España

Ejército de Operaciones en Cuba
3a. Compañía del 1er. Batallón del Regimiento de Navarra.
C. RUIZ DE CASTRO FOTOGRAFO
CONTRERAS 11 MATANZAS

© Biblioteca Nacional de España

Columna de insurgentes cubanos

D. Ildefonso Láinez Cruz con su uniforme
de teniente coronel de infantería
Foto: cortesía de Agustín Mata.

Folio 194.

ACTA DE DEFUNCIÓN

NÚMERO 2062.

D. Plácido Láinez Martínez

Nota

En el día de hoy y á instancia de D. Francisco Láinez de la Cruz se expidió certificación de la presente acta en un pliego de papel de la clase 12ª Número 238.731 con su recargo de impuesto de guerra.

Peal de Becerro 2 de junio de 1.899

El Secretario,

Mauricio Pérez

En la Villa de Peal de Becerro á las once de la mañana del día quince de Marzo de mil ochocientos noventa y siete ante D. Don Manuel Bautista Gómez Juez municipal y D. Mauricio Pérez Bautista Secretario, compareció D. Antonio Alcalá Navas con su cédula personal número mil cuarenta y nueve natural de Quesada mayor de edad; estado civil casado (1) Propietario; domiciliado en la calle mayor; manifestando en calidad de amigo que D. Plácido Láinez Martínez natural de Carorla de edad de cuarenta y nueve años (1) Propietario y domiciliado en la calle mayor falleció á las once de la noche del día de ayer en á consecuencia de Pneumonía aguda del lado izquierdo según certificación facultativa que presenta para obtener la correspondiente licencia de enterramiento.

En vista de esta manifestación y de dicha certificación facultativa, que queda archivada, el Sr. Juez municipal dispuso que se extendiese la presente acta, consignándose en ella, además de lo expuesto por el declarante y en virtud de las noticias que se han podido adquirir, las circunstancias siguientes:

Que el referido finado estaba casado en el acto del fallecimiento con Doña Florencia de la Cruz, de cuyo matrimonio han tenido once siete hijos llamados Ildefonso, Emiliano, Carmen, María, Enrique, Francisco y Ismael, los dos primeros casados y los segundos últimos

(1) Profesión, oficio, etc.

Registro Civil de Peal de Becerro (Jaén)

Acta de defunción de D. Plácido Láinez, padre del general Ildefonso Láinez.

Tropas españolas camino del Barranco del Lobo

D. Alfonso XIII

Rey constitucional de España

Por cuanto atendiendo á los servicios y circunstancias de vos D. Ildefonso Láinez Cruz, Tte. coronel de Infantería;— Vine por Mi resolución de 4 de abril de 1917 en concederos el empleo de Coronel de la propia Arma con la efectividad de 7 de marzo del referido año.

Por tanto, mando á la Autoridad superior militar del distrito ó ejército á que fuéreis á servir, que ponga el cúmplase y ordene lo conveniente para que se os dé posesión del referido empleo, en el que se os guardarán todos los honores y preeminencias que os corresponden y deben ser guardados bien y cumplidamente; y que se tome razón de este despacho en las oficinas de Intervención Militar, donde se os formará asiento del citado empleo, en el cual disfrutaréis del sueldo prefijado por las disposiciones vigentes, desde el día que las mismas determinen, según constare de la primera revista. Y para que se cumpla y ejecute todo lo referido, mando expedir el presente despacho firmado y con el sello correspondiente y refrendado por el Ministro de la Guerra.

Dado en Palacio á 9 de junio de mil novecientos 23

Expídanse en igual forma a los jefes y oficiales q. al respaldo se relacionan, consignando la efectividad que allí se les señala.

V. M. concede el empleo de Coronel de Infª a D. Ildefonso Láinez Cruz.

Nombramiento como coronel

DON ALFONSO XIII

REY CONSTITUCIONAL DE ESPAÑA

Por cuanto en consideración a que vos Don Ildefonso Sáinz Cruz coronel de Infantería, reunís las condiciones exigidas por la ley de veintinueve de junio de mil novecientos diez y ocho, para optar a los beneficios consignados en la Base octava (de su artículo primero); vengo por mi decreto de dos de abril de mil novecientos diez y nueve en concederos el empleo de General de brigada en situación de primera reserva, con la antigüedad de siete de marzo del año últimamente citado.

Por tanto, os doy toda la Autoridad, acción e incumbencia que corresponde a dicho empleo, y mando que se os tengan, guarden y hagan guardar los honores, preeminencias y exenciones que por el mismo os correspondan, bien y cumplidamente, sin que os falte cosa alguna; y que se tome razón de este Título en las oficinas centrales de Intervención Militar, donde se os formará asiento del referido empleo, en el cual disfrutaréis del sueldo que os corresponda por las disposiciones vigentes. Y para que se cumpla y ejecute todo lo referido, mando expedir el presente Título, firmado y con el sello correspondiente y refrendado por el Ministro de la Guerra.

Dado en Palacio a veinticuatro de enero de mil novecientos veinticinco.

Yo el Rey

V. M. concede el empleo de General de brigada en situación de primera reserva a Don Ildefonso Sáinz Cruz

Nombramiento como general de brigada

GIENNENSES ILUSTRES

EL GENERAL LÀINEZ

Retrato del general Láinez
aparecido en la revista *Lope de Sosa*

310

Número 2.743.

Nombre y apellidos

Don Ildefonso Lainez Cruz.

Nota

El 13 de Nobre de 1923 y á instancia de D. Ladislao Ramos Ruiz se expidieron dos certificados de esta acta en dos pliegos papel clase 8ª serie D números 899.606 y el siguiente doy fe =

Otra

El 19 de Nobre 1923 y á instancia de parte se libra certificado de esta acta en un pliego papel clase 8ª serie D nº 896.603 Doy fé

Otra / El 17 de Nobre 1928 y á instancia de parte se libra certificado de esta acta en una hoja papel clase 8ª nº 1.597.1871 Doy fe

En Peal de Becerro provincia de Jaén, á las once y treinta minutos del día dos de Noviembre de mil novecientos veinte y tres ante D. Dámaso Marín Alcalá Juez Municipal en funciones, y D. Francisco Sánchez Pérez Secretario, se procede á inscribir la defunción de Don Ildefonso Lainez Cruz de 65 años natural de esta villa provincia de Jaén, hijo de D. Plácido Lainez y de Dª Florencia Cruz, domiciliado en la calle de Canalejas de esta villa de profesión militar y de estado casado en primeras nupcias con Doña Josefa Carrión de cuyo matrimonio deja cuatro hijos llamados D. Alvaro, Doña Florencia, D. Ildefonso y Doña Isabel falleció en su domicilio (2) el día hoy á las tres, á consecuencia de (3) Congestión cerebral según resulta de (4) la certificación médica y reconocimiento practicado, y su cadáver habrá de recibir sepultura en el Cementerio de esta villa.

Esta inscripción se practica en virtud de (5) comparecencia de D. Matías Lafuente Martín de estos vecinos mayor de edad militar convecino del finado consignándose además (6) que éste era hijo legítimo y se ignora si ha otorgado testamento habiéndola presenciado como testigos, D. Antonio Melero Camillo y D. Antonio Tello Delgado mayores de edad, y vecinos de esta.

Leída esta acta se sella con el de este Juzgado y la firma el Sr. Juez, los testigos (7) y el compareciente. Testado = y = minutos = no vale. de que certifico.

Dámaso Marín — Matías Lafuente — Antonio Melero — Antonio Tello — Franco Sánchez Pérez

Juzgado Municipal — Peal de Becerro

Registro Civil de Peal de Becerro (Jaén)

Acta de defunción
del general Ildefonso Láinez Cruz

Agradecimientos

Todo libro es deudor, en mayor o menor medida, de aportaciones externas que mejoran y ayudan al trabajo específico del escritor. Este breve ensayo biográfico no es una excepción, por lo que debo comenzar expresando mi agradecimiento más sincero al Ilmo. Sr. Alcalde de Peal de Becerro, D. David Rodríguez y al concejal de cultura, D. Rafael Cocera por haberme facilitado la consulta en el Archivo Municipal y por su colaboración y apoyo en la presentación de este libro.

Agradecimiento que hago extensivo a las siguientes personas:

A mi amigo, maestro y excelso narrador y poeta, José Luis Pérez Fuillerat, por su generoso prólogo.

A Mª José Hernández y a su equipo del Registro Civil por su eficiente ayuda en la búsqueda de los documentos solicitados por este modesto historiador.

Al Doctor Francisco Martínez Hoyos, colega y, por encima de todo, un buen amigo, por sus acertados consejos y orientaciones en materia de archivos.

A mi también amigo Manolo Peña por facilitarme el contacto con algunos de los descendientes del protagonista de este libro.

A Agustín Láinez por su aportación documental.

A Ignacio Ortega por su interés en mis investigaciones y por su cortometraje acerca del general Láinez.

A Ceferino López, por atenderme amablemente durante mis pesquisas por el camposanto de Peal de Becerro.

A mis huercos, Eliana y Eliab, por su inestimable colaboración en cuestiones epigráficas.

Y a mi esposa, Angélica, por soportar con amoroso estoicismo mis peroratas históricas y por su gran trabajo de arte y diseño en la confección de ese libro. Pero, sobre todo, por aceptar mi carácter de duende huraño y seguir despertando conmigo cada mañana.

Índice

www.ingramcontent.com/pod-product-compliance
Ingram Content Group UK Ltd.
Pitfield, Milton Keynes, MK11 3LW, UK
UKHW040012200726
13854UKWH00001B/160

9 788412 445480